Practise German

by Dominik Wexenberger

Practise-book for German learners
Level A1
Practise German while reading

ISBN: 9781983175091

Imprint: Independently published

Inhalt

Introduction

First of all thank you for your interest in this book. I hope it will help you a lot and bring you closer to reach your goals regarding the German language. I also would love to read about your experiences with my books, so I would like to invite you to share them with me. Feel free to leave a review on Amazon or go to our website www.idiomata.org and send me an email or find my Facebook-page idiomata-german and drop me a comment there. In the end I'm writing these books for you who wants to learn this beautiful language and every comment is welcome as it helps me to better understand your needs and problems with learning it.

I research in the areas of psychology, linguistics and cognition and I'm interested in understanding how the mind works and processes information, specifically but not only in relation to language. On the other side I'm a language teacher and I teach students based on a methodology that is based on my research and my insights in psycholinguistics and cognition. Over the years my methodology got ever more successful and my schedule got fuller and fuller. People keep coming and coming and I started to collaberate with two other teachers to meet the demand. It is still not enough to teach everyone who wants to take classes and we are looking into possibilities of expansion with idiomata.org and other institutions to offer our services to even more people.

One solution I have found for the moment is to write the book you are currently holding in your hands. I honestly believe that almost everything what is done to teach languages today in most language schools, universities and similar institutions is wrong and I want to change it. There are up to 80% of students dropping out of their language-courses before even reaching an A1-level, in many cases never coming back and giving up the study of foreign languages entirely. The number of people I have met in the past years who think they are too stupid to learn languages is shocking and outrageous. It's a shame because I believe that is a beautiful experience for the human mind to learn and understand a second, a third, a fourth language and feel what it does to a person and the human interaction it makes possible. And it is actually no problem to learn a language and everyone can do it. For many people even speaking a second language is a dream they never achieve to fulfill although they actually could fulfill it quite easily with a better methodology. My dream and my goal is to change the perspective on language teaching and make it possible for everyone to learn not one but several languages in a few years time if it pleases them.

Language is experimental. It has to be used, it has to be spoken and heard to be language. I found over the years that the most effective way of teaching and learning a language is pure interaction, talking, asking, answering to questions, telling stories and so on. In my opinion a student should and needs to build about 10 000 phrases and more to get anywhere near an interesting level of fluency. Nevertheless many students in language courses barely have spoken a 1000 phrases after the first two years.

I have met students who have told me that they went to so called integration-courses and took intensive-classes and accumulated thus around 250 hours of classes – just to be stuck in an eternal A1-level not being able to do anything with it. Their problem is and always will be the lack of application.

The following book is ment to help you with the application. I tried to mimic the mechanics of my classes and put it into the exercises I have crafted for this book. In my classes I work from the very first minute on with pure interaction, making the students talk as much as they are able to. Of course it is impossible to give them a topic and tell them to talk freely about it at the beginning. But what I have found that is absolutely possible is

a) to work with questions and answers and create thus as much interaction as possible
b) to prepare a text through the aforementioned Q&A-routine so that the student can talk about the text freely
c) to create free applications based on the aforementioned routines a) and b)

This book provides the opportunity to students to study on their own or with a partner or even in a class context with a teacher to use the suggested routines and therefore make use of the benefits that this methodology provides and reach the A1-level in German with ease.

I hope that you find this book most useful,

Dominik Wexenberger

How to use this book

1. Read through the text, check all the vocabulary and make sure that you understand the text completely.

2. Go through the questions one by one and answer them with the help of the text. You are allowed to read the text during this step. Repeat if you feel that you need it.

3. Now cover the text and go through the questions one by one again and answer them without the help of the text. It is not necessary that your answers are 100% grammatically accurate. Focus on application and transmitting the information rather than on perfect grammar.

4. Now try to tell the whole text. Try to remember as much information as you can.

5. Try to create your own short story about the topic if you can (optional).

If you have the possibility to study with another person, one can be the teacher asking the question and one can be the student giving the answers. As the book provides you with both the questions and the answers there is no need for an advanced level in German to do the exercises together.

If you are a teacher and want to use the book, I would like to suggest that you divide your students into groups of two and let them do the exercises together. Just be available for questions and make sure that they interact with each other. In fact I have written this book partially with an application in a bigger class-context in mind.

Übung 1

Heute ist Donnerstag.

Ich gehe in den Park.

Das Wetter ist schön.

Ich esse ein Eis und trinke einen Kaffee.

Ich sitze auf einer Bank.

Es gibt viele Leute.

Ich bin sehr zufrieden.

Fragen:

1. Welcher Tag ist heute?

2. Wohin gehe ich?

3. Wie ist das Wetter?

4. Was esse ich?

5. Was trinke ich?

6. Wo sitze ich?

7. Was gibt es hier?

8. Was bin ich?

Lösungen:

1. Welcher Tag ist heute?

Heute ist Donnerstag.

2. Wohin gehe ich?

Du gehst in den Park

3. Wie ist das Wetter?

Das Wetter ist schön.

4. Was esse ich?

Du isst ein Eis.

5. Was trinke ich?

Du trinkst einen Kaffee.

6. Wo sitze ich?

Du sitzt auf einer Bank.

7. Was gibt es hier?

Es gibt viele Leute.

8. Was bin ich?

Du bist sehr zufrieden.

Übung 2

Ich gehe heute auf einen Markt.

Ich fahre mit dem Auto.

Ich will neue Pflanzen kaufen.

Die Pflanzen sind für meinen Garten.

Mit dem Auto transportiere ich die Pflanzen.

Am Nachmittag pflanze ich die Pflanzen im Garten.

Mein Garten wird danach sehr schön sein.

Fragen:

1. Wohin gehe ich heute?

2. Womit fahre ich?

3. Was will ich auf dem Markt machen?

4. Wofür sind meine Pflanzen?

5. Womit transportiere ich die Pflanzen?

6. Was transportiere ich mit dem Auto?

7. Wann pflanze ich die Pflanzen im Garten?

8. Wo pflanze ich die Pflanzen?

9. Wie wird mein Garten danach sein?

Lösungen:

1. Wohin gehe ich heute?

Du gehst heute auf einen Markt.

2. Womit fahre ich?

Du fährst mit dem Auto.

3. Was will ich auf dem Markt machen?

Du willst neue Pflanzen kaufen.

4. Wofür sind meine Pflanzen?

Die Pflanzen sind für deinen Garten.

5. Womit transportiere ich die Pflanzen?

Du transportierst die Pflanzen mit dem Auto.

6. Was transportiere ich mit dem Auto?

Du transportierst die Pflanzen.

7. Wann pflanze ich die Pflanzen im Garten?

Am Nachmittag pflanzt du die Pflanzen.

8. Wo pflanze ich die Pflanzen?

Du pflanzt die Pflanzen im Garten.

9. Wie wird mein Garten danach sein?

Dein Garten wird sehr schön sein.

Übung 3

Heute ist Samstag.

Ich arbeite den ganzen Tag.

Ich habe vier Klassen, zwei Deutschklassen und zwei Englischklassen.

Ich habe sechzehn Schüler, sieben Mädchen und neun Jungen.

Die Klassen sind in einem Park.

Im Park gibt es Tische und Bänke.

Ich fahre mit dem Bus.

Ich habe kein Auto.

Das Wetter ist schön.

Morgen muss ich nicht arbeiten.

Morgen ist Sonntag.

Am Sonntag habe ich Zeit für meine Familie.

Fragen:

1. Welcher Tag ist heute?

2. Was mache ich den ganzen Tag?

3. Wie viele Klassen habe ich?

4. Wie viele Deutschklassen habe ich?

5. Wie viele Englischklassen habe ich?

6. Wie viele Schüler habe ich?

7. Wie viele Mädchen sind es?

8. Wie viele Jungen sind es?

9. Wo sind die Klassen?

10. Was gibt es im Park?

11. Womit fahre ich in den Park?

12. Habe ich ein Auto?

13. Wie ist das Wetter?

14. Muss ich morgen arbeiten?

15. Welcher Tag ist morgen?

16. Für wen habe ich am Sonntag Zeit?

Lösungen:

1. Welcher Tag ist heute?

Heute ist Samstag.

2. Was mache ich den ganzen Tag?

Du arbeitest den ganzen Tag.

3. Wie viele Klassen habe ich?

Du hast vier Klassen.

4. Wie viele Deutschklassen habe ich?

Du hast zwei Deutschklassen.

5. Wie viele Englischklassen habe ich?

Du hast zwei Englischklassen.

6. Wie viele Schüler habe ich?

Du hast sechzehn Schüler.

7. Wie viele Mädchen sind es?

Es sind sieben Mädchen.

8. Wie viele Jungen sind es?

Es sind neun Jungen.

9. Wo sind die Klassen?

Die Klassen sind in einem Park.

10. Was gibt es im Park?

Im Park gibt es Tische und Bänke.

11. Womit fahre ich in den Park?

Du fährst mit dem Bus.

12. Habe ich ein Auto?

Nein, du hast kein Auto.

13. Wie ist das Wetter?

Das Wetter ist schön.

14. Muss ich morgen arbeiten?

Nein, du musst morgen nicht arbeiten.

15. Welcher Tag ist morgen?

Morgen ist Sonntag.

16. Für wen habe ich am Sonntag Zeit?

Am Sonntag hast du Zeit für deine Familie.

Übung 4

Heute ist Sonntag.

Ich muss nicht arbeiten.

Ich habe heute frei.

Am Morgen arbeite ich ein bisschen im Garten.

Ich pflanze Bäume und Blumen.

Ich liebe meinen Garten.

Am Nachmittag kommen eine Freundin und ihre Tochter.

Wir essen zusammen.

Am Abend will ich einen Film sehen.

Gestern habe ich drei neue Filme gekauft.

Fragen:

1. Welcher Tag ist heute?

2. Muss ich heute arbeiten?

3. Was habe ich heute?

4. Was mache ich am Morgen?

5. Was mache ich im Garten?

6. Wie finde ich meinen Garten?

7. Wer kommt am Nachmittag?

8. Wann kommen eine Freundin und ihre Tochter?

9. Was machen wir zusammen?

10. Was will ich am Abend machen?

11. Wann will ich einen Film sehen?

12. Wie viele Filme habe ich gestern gekauft?

13. Wann habe ich drei neue Filme gekauft?

Lösungen:

1. Welcher Tag ist heute?

Heute ist Sonntag.

2. Muss ich heute arbeiten?

Nein, du musst nicht arbeiten.

3. Was habe ich heute?

Du hast heute frei.

4. Was mache ich am Morgen?

Du arbeitest ein bisschen im Garten.

5. Was mache ich im Garten?

Du pflanzt Bäume und Blumen.

6. Wie finde ich meinen Garten?

Du liebst deinen Garten.

7. Wer kommt am Nachmittag?

Am Nachmittag kommen eine Freundin und ihre Tochter.

8. Wann kommen eine Freundin und ihre Tochter?

Sie kommen am Nachmittag.

9. Was machen wir zusammen?

Ihr esst zusammen.

10. Was will ich am Abend machen?

Am Abend willst du einen Film sehen.

11. Wann will ich einen Film sehen?

Du willst einen Film am Abend sehen.

12. Wie viele Filme habe ich gestern gekauft?

Du hast drei neue Filme gestern gekauft.

13. Wann habe ich drei neue Filme gekauft?

Du hast sie gestern gekauft.

Übung 5

Heute habe ich ein bisschen Freizeit.

Ich habe nicht so viel Arbeit.

Ich habe drei Stunden Zeit, um etwas Spaß zu haben.

Ich sehe zuerst eine Dokumentation.

Die Doku ist über Tiere in Afrika.

Danach spiele ich Nintendo.

Ich spiele das Spiel Super Mario.

In diesem Spiel muss man viel rennen und springen.

Und man muss Monster kaputt machen.

Ich werde sicher viel Spaß haben!

Fragen:

1. Was habe ich heute?

2. Warum habe ich heute ein bisschen Freizeit?

3. Wie viele Stunden habe ich Freizeit?

4. Wofür habe ich Zeit?

5. Was sehe ich?

6. Über was ist die Doku?

7. Was werde ich nach der Doku machen?

8. Welches Spiel spiele ich?

9. Was muss man in diesem Spiel viel machen?

10. Was muss man auch machen?

11. Was werde ich sicher haben?

Lösungen:

1. Was habe ich heute?

Du hast heute ein bisschen Freizeit.

2. Warum habe ich heute ein bisschen Freizeit?

Du hast nicht so viel Arbeit.

3. Wie viele Stunden habe ich Freizeit?

Du hast drei Stunden Freizeit.

4. Wofür habe ich Zeit?

Du hast Zeit, um etwas Spaß zu haben.

5. Was sehe ich?

Du siehst eine Dokumentation.

6. Über was ist die Doku?

Die Doku ist über Tiere in Afrika.

7. Was werde ich nach der Doku machen?

Danach spielst du Nintendo.

8. Welches Spiel spiele ich?

Du spielst das Spiel Super Mario.

9. Was muss man in diesem Spiel viel machen?

Man muss viel rennen und springen.

10. Was muss man auch machen?

Man muss Monster kaputt machen.

11. Was werde ich sicher haben?

Du wirst sicher viel Spaß haben.

Übung 6

Heute Nachmittag gehe ich in ein Café.

Ich treffe mich dort mit einem Freund.

Er heißt Markus.

Er ist dreiunddreißig Jahre alt.

Er ist Journalist.

In seiner Arbeit schreibt er Artikel.

Seine Arbeit ist sehr interessant.

Wir sprechen immer über Politik, Literatur, Sport und Privates.

Wir essen Kuchen und trinken Tee und Kaffee.

Ich freue mich sehr, meinen Freund zu sehen.

Fragen:

1. Wohin gehe ich heute Nachmittag?

2. Wann gehe ich in ein Café?

3. Was mache ich im Café?

4. Wie heißt er?

5. Wie alt ist er?

6. Was ist sein Beruf?

7. Was macht er in seiner Arbeit?

8. Wie finde ich seine Arbeit?

9. Über welche Themen sprechen wir immer?

10. Was essen wir?

11. Was trinken wir?

12. Freue ich mich, meinen Freund zu sehen?

Lösungen:

1. Wohin gehe ich heute Nachmittag?

Du gehst in ein Café.

2. Wann gehe ich in ein Café?

Heute Nachmittag gehst du in ein Café.

3. Was mache ich im Café?

Du triffst dich dort mit einem Freund.

4. Wie heißt er?

Er heißt Markus.

5. Wie alt ist er?

Er ist dreiunddreißig Jahre alt.

6. Was ist sein Beruf?

Er ist Journalist.

7. Was macht er in seiner Arbeit?

Er schreibt Artikel.

8. Wie finde ich seine Arbeit?

Du findest seine Arbeit sehr interessant.

9. Über welche Themen sprechen wir immer?

Ihr sprecht über Politik, Literatur, Sport und Privates.

10. Was essen wir?

Ihr esst Kuchen.

11. Was trinken wir?

Ihr trink Tee und Kaffee.

12. Freue ich mich, meinen Freund zu sehen?

Ja, du freust dich, deinen Freund zu sehen.

Übung 7

Martin sitzt in der Bibliothek.

Er lernt für einen Kurs.

Er liest ein Buch.

An einem anderen Tisch sitzt eine junge Frau.

Martin findet sie interessant und attraktiv.

Er weiß nicht, wie sie heißt.

Sie hat braune Haare und blaue Augen.

Die junge Frau trägt eine grüne Jeans und ein weißes Hemd.

Sie schreibt mit einem Bleistift auf einem Blatt Papier.

Neben ihr liegen viele Bücher auf dem Tisch.

Es sind Biologie- und Chemiebücher.

Später will Martin mit der jungen Studentin sprechen.

Er will nach ihrem Namen und ihrer Nummer fragen.

Fragen:

1. Wo sitzt Martin?

2. Wofür lernt er?

3. Was liest er?

4. Wer sitzt an einem anderen Tisch?

5. Wo sitzt eine junge Frau?

6. Wie findet Martin die junge Frau?

7. Weiß Martin, wie die Frau heißt?

8. Wie sind ihre Haare?

9. Wie sind ihre Augen?

10. Was trägt die junge Frau?

11. Mit was schreibt sie?

12. Auf was schreibt sie?

13. Was liegt neben ihr?

14. Wo liegen die Bücher?

15. Was für Bücher sind es?

16. Was will Martin später machen?

17. Nach was will er fragen?

Lösungen:

1. Wo sitzt Martin?

Martin sitzt in der Bibliothek.

2. Wofür lernt er?

Er lernt für einen Kurs.

3. Was liest er?

Er liest ein Buch.

4. Wer sitzt an einem anderen Tisch?

Eine junge Frau sitzt an einem anderen Tisch.

5. Wo sitzt eine junge Frau?

Sie sitzt an einem anderen Tisch.

6. Wie findet Martin die junge Frau?

Martin findet sie interessant und attraktiv.

7. Weiß Martin, wie die Frau heißt?

Nein, er weiß nicht, wie sie heißt.

8. Wie sind ihre Haare?

Sie hat braune Haare.

9. Wie sind ihre Augen?

Sie hat blaue Augen.

10. Was trägt die junge Frau?

Sie trägt eine grüne Jeans und ein weißes Hemd.

11. Mit was schreibt sie?

Sie schreibt mit einem Bleistift.

12. Auf was schreibt sie?

Sie schreibt auf einem Blatt Papier.

13. Was liegt neben ihr?

Neben ihr liegen viele Bücher.

14. Wo liegen die Bücher?

Die Bücher liegen neben ihr auf dem Tisch.

15. Was für Bücher sind es?

Es sind Biologie- und Chemiebücher.

16. Was will Martin später machen?

Er will später mit der jungen Studentin sprechen.

17. Nach was will er fragen?

Er will nach ihrem Namen und ihrer Nummer fragen.

Übung 8

Wir müssen heute auf den Markt gehen.

Wir brauchen frische Früchte und frisches Gemüse.

Der Markt ist jeden Dienstag und jeden Sonntag.

Er ist im Zentrum von meinem Dorf.

Es gibt viele Verkäufer und Verkäuferinnen.

Sie verkaufen ihre Produkte in der Straße.

Die Produkte haben eine sehr gute Qualität.

Und auch der Preis für die Früchte und das Gemüse ist gut.

Wir kaufen Orangen, Bananen, Äpfel, Mangos und Birnen von einer Verkäuferin.

Und wir kaufen Karotten, Brokkoli, Tomaten, Gurken und Paprika von einem anderen Verkäufer.

Jetzt können wir ein leckeres Essen kochen!

Fragen:

1. Wohin müssen wir heute gehen?

2. Was brauchen wir vom Markt?

3. Wann ist der Markt?

4. Wo ist der Markt im Dorf?

5. Gibt es viele Verkäufer und Verkäuferinnen?

6. Wo verkaufen sie ihre Produkte?

7. Was verkaufen sie in der Straße?

8. Wie ist die Qualität von den Produkten?

9. Wie ist der Preis für die Früchte und das Gemüse?

10. Welche Früchte kaufen wir?

11. Kaufen wir die Früchte von einem Verkäufer oder einer Verkäuferin?

12. Welches Gemüse kaufen wir?

13. Kaufen wir das Gemüse von einem Verkäufer oder einer Verkäuferin?

14. Was können wir jetzt machen?

Lösungen:

1. Wohin müssen wir heute gehen?

Ihr müsst heute auf den Markt gehen.

2. Was brauchen wir vom Markt?

Ihr braucht frische Früchte und Gemüse.

3. Wann ist der Markt?

Der Markt ist jeden Dienstag und jeden Sonntag.

4. Wo ist der Markt im Dorf?

Er ist im Zentrum von deinem Dorf.

5. Gibt es viele Verkäufer und Verkäuferinnen?

Ja, es gibt viele Verkäufer und Verkäuferinnen.

6. Wo verkaufen sie ihre Produkte?

Sie verkaufen ihre Produkte in der Straße.

7. Was verkaufen sie in der Straße?

Sie verkaufen ihre Produkte.

8. Wie ist die Qualität von den Produkten?

Die Produkte haben eine sehr gute Qualität.

9. Wie ist der Preis für die Früchte und das Gemüse?

Der Preis ist gut.

10. Welche Früchte kaufen wir?

Ihr kauft Orangen, Bananen, Äpfel, Mangos und Birnen.

11. Kaufen wir die Früchte von einem Verkäufer oder einer Verkäuferin?

Ihr kauft die Früchte von einer Verkäuferin.

12. Welches Gemüse kaufen wir?

Ihr kauft Karotten, Brokkoli, Tomaten, Gurken und Paprika.

13. Kaufen wir das Gemüse von einem Verkäufer oder einer Verkäuferin?

Ihr kauft das Gemüse von einem Verkäufer.

14. Was können wir jetzt machen?

Ihr könnt jetzt ein leckeres Essen kochen!

Übung 9

Heute Abend gehe ich mit meiner Frau ins Kino.

Wir möchten einen Film sehen.

Der Film beginnt um 8 Uhr.

Der Film geht bis 10 Uhr.

Wir kaufen die Karten für den Film im Internet.

Die Karten sind nicht teuer.

Wir bezahlen mit unserer Kreditkarte.

Das ist sehr einfach.

Wir kaufen auch Popcorn und Coca Cola.

Wir fahren mit dem Auto ins Kino.

Der Film ist sehr gut und wir sind sehr zufrieden.

Nach dem Film fahren wir wieder nach Hause.

Dann gehen wir ins Bett und schlafen.

Fragen:

1. Wohin gehe ich heute Abend?

2. Mit wem gehe ich ins Kino?

3. Was möchten wir sehen?

4. Um wie viel Uhr beginnt der Film?

5. Bis wie viel Uhr geht der Film?

6. Wo kaufen wir die Karten für den Film?

7. Sind die Karten teuer oder billig?

8. Wie bezahlen wir?

9. Ist das einfach oder schwierig?

10. Was kaufen wir auch?

11. Wie fahren wir ins Kino?

12. Wie ist der Film?

13. Sind wir zufrieden oder unzufrieden?

14. Wohin fahren wir nach dem Film?

15. Wohin gehen wir Zuhause?

16. Was machen wir im Bett?

Lösungen:

1. Wohin gehe ich heute Abend?

Du gehst heute Abend ins Kino.

2. Mit wem gehe ich ins Kino?

Du gehst mit deiner Frau.

3. Was möchten wir sehen?

Ihr möchtet einen Film sehen.

4. Um wie viel Uhr beginnt der Film?

Der Film beginnt um 8 Uhr.

5. Bis wie viel Uhr geht der Film?

Der Film geht bis 10 Uhr.

6. Wo kaufen wir die Karten für den Film?

Ihr kauft die Karten für den Film im Internet.

7. Sind die Karten teuer oder billig?

Die Karten sind nicht teuer.

8. Wie bezahlen wir?

Ihr bezahlt mit eurer Kreditkarte.

9. Ist das einfach oder schwierig?

Das ist sehr einfach.

10. Was kaufen wir auch?

Ihr kauft auch Popcorn und Coca Cola.

11. Wie fahren wir ins Kino?

Ihr fahrt mit dem Auto.

12. Wie ist der Film?

Der Film ist sehr gut.

13. Sind wir zufrieden oder unzufrieden?

Ihr seid zufrieden.

14. Wohin fahren wir nach dem Film?

Ihr fahrt wieder nach Hause.

15. Wohin gehen wir Zuhause?

Ihr geht ins Bett.

16. Was machen wir im Bett?

Ihr schlaft.

Übung 10

Nächste Woche bekomme ich Besuch.

Mein Bruder kommt.

Er schläft zwei Tage in meinem Haus.

Er fliegt von Deutschland nach Mexiko.

Seine Reise dauert 16 Stunden.

Während dem Flug schläft er.

Ich fahre zum Flughafen, um ihn abzuholen.

Wir werden eine gute Zeit zusammen haben.

Mein Bruder wird seinen Besuch in Mexiko sicher genießen.

Fragen:

1. Wann bekomme ich Besuch?

2. Was bekomme ich nächste Woche?

3. Wer kommt?

4. Wie viele Tage schläft er in meinem Haus?

5. Von wo nach wo fliegt er?

6. Wie lange dauert seine Reise?

7. Was macht er während dem Flug?

8. Wohin fahre ich, um ihn abzuholen?

9. Warum fahre ich zum Flughafen?

10. Wie wird unsere Zeit zusammen werden?

11. Was wird mein Bruder sicher genießen?

Lösungen:

1. Wann bekomme ich Besuch?

Du bekommst nächste Woche Besuch.

2. Was bekomme ich nächste Woche?

Du bekommst Besuch.

3. Wer kommt?

Dein Bruder kommt.

4. Wie viele Tage schläft er in meinem Haus?

Er schläft zwei Tage in deinem Haus.

5. Von wo nach wo fliegt er?

Er fliegt von Deutschland nach Mexiko.

6. Wie lange dauert seine Reise?

Seine Reise dauert 16 Stunden.

7. Was macht er während dem Flug?

Er schläft während dem Flug.

8. Wohin fahre ich, um ihn abzuholen?

Du fährst zum Flughafen.

9. Warum fahre ich zum Flughafen?

Du fährst zum Flughafen, um ihn abzuholen.

10. Wie wird unsere Zeit zusammen werden?

Ihr werdet eine gute Zeit zusammen haben.

11. Was wird mein Bruder sicher genießen?

Dein Bruder wird sicher seine Zeit in Mexiko genießen.

Übung 11

Das Wetter ist heute sehr schön.

Die Sonne scheint und es ist warm.

Karl geht mit seinen Hunden im Park spazieren.

An einem Kiosk macht er eine Pause.

Er isst ein Erdbeer-Eis.

In der Sonne ist es sehr warm.

Deshalb setzt sich Karl in den Schatten.

Es gibt eine Bank unter einem alten Baum.

Karl macht eine Stunde Pause.

Dann geht er nach Hause.

Er fühlt sich entspannt und zufrieden.

Fragen:

1. Wie ist das Wetter heute?

2. Was macht die Sonne?

3. Wie ist die Temperatur?

4. Was macht Karl?

5. Wo geht Karl spazieren?

6. Was macht er an einem Kiosk?

7. Wo macht er eine Pause?

8. Was isst er?

9. Wie ist die Temperatur in der Sonne?

10. Was macht Karl, weil es in der Sonne sehr warm ist?

11. Was gibt es unter einem alten Baum?

12. Wo gibt es eine Bank?

13. Ist der Baum alt oder jung?

14. Wie lange macht Karl Pause?

15. Was macht er nach seiner Pause?

16. Wie fühlt er sich?

Lösungen:

1. Wie ist das Wetter heute?

Das Wetter heute ist sehr schön.

2. Was macht die Sonne?

Die Sonne scheint.

3. Wie ist die Temperatur?

Es ist warm.

4. Was macht Karl?

Er geht mit seinen Hunden spazieren.

5. Wo geht Karl spazieren?

Er geht im Park spazieren.

6. Was macht er an einem Kiosk?

Er macht eine Pause.

7. Wo macht er eine Pause?

Er macht an einem Kiosk Pause.

8. Was isst er?

Er isst ein Erdbeereis.

9. Wie ist die Temperatur in der Sonne?

In der Sonne ist es sehr warm.

10. Was macht Karl, weil es in der Sonne sehr warm ist?

Er setzt sich in den Schatten.

11. Was gibt es unter einem alten Baum?

Es gibt eine Bank.

12. Wo gibt es eine Bank?

Es gibt eine Bank unter einem alten Baum.

13. Ist der Baum alt oder jung?

Der Baum ist alt.

14. Wie lange macht Karl Pause?

Karl macht eine Stunde Pause.

15. Was macht er nach seiner Pause?

Er geht nach Hause.

16. Wie fühlt er sich?

Er fühlt sich entspannt und zufrieden.

Übung 12

Ich war gestern in einem Restaurant.

Das Restaurant ist sehr schön.

Es gibt viele Pflanzen und alles ist sehr grün.

Aber der Service ist eine Katastrophe.

Der Kellner war super langsam und unfreundlich.

Das Essen ist eine Stunde später gekommen.

Es war kalt, fettig und nicht lecker.

Das Essen war sehr teuer.

Ich war absolut nicht zufrieden.

Ich habe kein Trinkgeld gegeben.

Ich werde niemals wieder in dieses Restaurant gehen.

Fragen:

1. Wo war ich gestern?

2. Wie ist das Restaurant?

3. Was gibt es im Restaurant?

4. Wie ist alles?

5. Aber wie ist der Service?

6. Wie war der Kellner?

7. Wann ist das Essen gekommen?

8. Wie war das Essen?

9. War das Essen teuer oder billig?

10. War ich zufrieden?

11. Habe ich Trinkgeld gegeben?

12. Werde ich wieder in das Restaurant gehen?

Lösungen:

1. Wo war ich gestern?

Du warst gestern in einem Restaurant.

2. Wie ist das Restaurant?

Das Restaurant ist sehr schön.

3. Was gibt es im Restaurant?

Im Restaurant gibt es viele Pflanzen.

4. Wie ist alles?

Alles ist sehr grün.

5. Aber wie ist der Service?

Der Service ist eine Katastrophe.

6. Wie war der Kellner?

Der Kellner war super langsam und unfreundlich.

7. Wann ist das Essen gekommen?

Das Essen ist eine Stunde später gekommen.

8. Wie war das Essen?

Es war kalt, fettig und nicht lecker.

9. War das Essen teuer oder billig?

Es war sehr teuer.

10. War ich zufrieden?

Du warst absolut nicht zufrieden.

11. Habe ich Trinkgeld gegeben?

Du hast kein Trinkgeld gegeben.

12. Werde ich wieder in das Restaurant gehen?

Nein, du wirst niemals wieder in das Restaurant gehen.

Übung 13

Es ist 5 Uhr morgens.

Ich stehe auf, weil ich arbeiten muss.

Ich brauche Kaffee.

Viel Kaffee!

Ich suche meine Kaffeekanne.

Ich mache die Kaffeekanne sauber.

Dann fülle ich sie mit Wasser und mit Kaffeepulver.

Ich stelle die Kanne auf den Herd.

Mein Herd funktioniert mit Gas.

Ich mache den Herd an.

Nach zehn Minuten ist mein Kaffee fertig.

Jetzt kann mein Tag beginnen!

Fragen:

1. Wie viel Uhr ist es?

2. Was mache ich?

3. Warum stehe ich auf?

4. Was brauche ich?

5. Wie viel Kaffee?

6. Was suche ich?

7. Was mache ich mit der Kaffeekanne?

8. Womit fülle ich die Kaffeekanne?

9. Worauf stelle ich die Kanne?

10. Womit funktioniert mein Herd?

11. Was mache ich mit dem Herd?

12. Nach wie viel Minuten ist mein Kaffee fertig?

13. Was kann jetzt beginnen?

Lösungen:

1. Wie viel Uhr ist es?

Es ist 5 Uhr morgens.

2. Was mache ich?

Du stehst auf.

3. Warum stehe ich auf?

Du stehst auf, weil du arbeiten musst.

4. Was brauche ich?

Du brauchst Kaffee.

5. Wie viel Kaffee?

Viel Kaffee!

6. Was suche ich?

Du suchst deine Kaffeekanne.

7. Was mache ich mit der Kaffeekanne?

Du machst die Kaffeekanne sauber.

8. Womit fülle ich die Kaffeekanne?

Du füllst sie mit Wasser und Kaffeepulver.

9. Worauf stelle ich die Kanne?

Du stellst die Kanne auf den Herd.

10. Womit funktioniert mein Herd?

Dein Herd funktioniert mit Gas.

11. Was mache ich mit dem Herd?

Du machst den Herd an.

12. Nach wie viel Minuten ist mein Kaffee fertig?

Dein Kaffee ist nach zehn Minuten fertig.

13. Was kann jetzt beginnen?

Dein Tag kann jetzt beginnen.

Übung 14

Es ist 12 Uhr mittags.

Ich habe seit heute Morgen gearbeitet.

Jetzt habe ich Hunger.

Ich muss schnell etwas kochen.

Ich mache mir eine Suppe mit Nudeln.

Ich brauche einen Topf.

Im Topf mache ich Wasser heiß.

Dann gebe ich Nudeln und Suppenpulver in den Topf.

Jetzt muss ich sieben Minuten warten.

Ich setzte mich an den Tisch, um zu essen.

Guten Appetit!

Fragen:

1. Wie viel Uhr ist es?

2. Seit wann habe ich gearbeitet?

3. Was habe ich jetzt?

4. Was muss ich jetzt schnell machen?

5. Was mache ich mir?

6. Was brauche ich?

7. Was mache ich im Topf?

8. Wo mache ich Wasser heiß?

9. Was gebe ich in den Topf mit dem heißen Wasser?

10. Wie lange muss ich jetzt warten?

11. Wohin setze ich mich, um zu essen?

12. Warum setze ich mich an den Tisch?

Lösungen:

1. Wie viel Uhr ist es?

Es ist 12 Uhr mittags.

2. Seit wann habe ich gearbeitet?

Du hast seit heute Morgen gearbeitet.

3. Was habe ich jetzt?

Du hast jetzt Hunger.

4. Was muss ich jetzt schnell machen?

Du musst jetzt schnell etwas kochen.

5. Was mache ich mir?

Du machst dir eine Suppe mit Nudeln.

6. Was brauche ich?

Du brauchst einen Topf.

7. Was mache ich im Topf?

Im Topf machst du Wasser heiß.

8. Wo mache ich Wasser heiß?

Im Topf machst du Wasser heiß.

9. Was gebe ich in den Topf mit dem heißen Wasser?

Du gibst Nudeln und Suppenpulver in den Topf.

10. Wie lange muss ich jetzt warten?

Du musst jetzt sieben Minuten warten.

11. Wohin setze ich mich, um zu essen?

Du setzt dich an den Tisch.

12. Warum setze ich mich an den Tisch?

Du setzt dich an den Tisch, um zu essen.

Übung 15

Ich will heute in die die Stadt fahren.

Ich muss ein neues Handy kaufen.

Mein altes Handy ist kaputt.

Um in die Stadt zu fahren, nehme ich den Bus.

Die Bushaltestelle ist in der Nähe von meinem Haus.

Ich warte fünf Minuten auf den Bus.

Der Bus kommt und ich steige ein.

Ich kaufe eine Fahrkarte beim Busfahrer.

Dann suche ich einen Sitzplatz.

Ich setze mich.

Los geht's!

Fragen:

1. Wohin will ich heute fahren?

2. Was muss ich in der Stadt kaufen?

3. Was ist mit meinem alten Handy passiert?

4. Was nehme ich, um in die Stadt zu fahren?

5. Warum nehme ich den Bus?

6. Wo ist die Bushaltestelle?

7. Wie lange warte ich auf den Bus?

8. Was mache ich, als der Bus kommt?

9. Was kaufe ich beim Busfahrer?

10. Bei wem kaufe ich eine Fahrkarte?

11. Was suche ich im Bus?

12. Was mache ich danach?

Lösungen:

1. Wohin will ich heute fahren?

Du willst heute in die Stadt fahren.

2. Was muss ich in der Stadt kaufen?

Du musst ein neues Handy kaufen.

3. Was ist mit meinem alten Handy passiert?

Dein altes Handy ist kaputt.

4. Was nehme ich, um in die Stadt zu fahren?

Du nimmst den Bus.

5. Warum nehme ich den Bus?

Du nimmst den Bus, um in die Stadt zu fahren.

6. Wo ist die Bushaltestelle?

Die Bushaltestelle ist in der Nähe von deinem Haus.

7. Wie lange warte ich auf den Bus?

Du wartest fünf Minuten auf den Bus.

8. Was mache ich, als der Bus kommt?

Du steigst ein, als der Bus kommt.

9. Was kaufe ich beim Busfahrer?

Du kaufst eine Fahrkarte.

10. Bei wem kaufe ich eine Fahrkarte?

Du kaufst sie beim Busfahrer.

11. Was suche ich im Bus?

Du suchst einen Sitzplatz.

12. Was mache ich danach?

Du setzt dich.

Übung 16

Maria will Flugtickets für ihre Familie kaufen.

Sie wollen zusammen nach Spanien fliegen.

Die Reise soll im Herbst sein.

Früher hat Maria die Tickets im Reisebüro gekauft.

Heute sucht sie im Internet nach Angeboten.

Es gibt Suchmaschinen, die die besten Preise finden.

Aber sie hat kein Glück.

Die Preise sind super hoch!

Im Moment sind die Flüge zu teuer.

Maria entscheidet sich, die Preise für ein paar Tage zu beobachten.

Fragen:

1. Was will Maria für ihre Familie kaufen?

2. Für wen will Maria Flugtickets kaufen?

3. Wohin wollen sie zusammen fliegen?

4. Wann soll die Reise sein?

5. Wo hat Maria früher gekauft?

6. Wo sucht sie heute nach Angeboten?

7. Wie findet sie im Internet die besten Preise?

8. Hat sie Glück bei der Suche?

9. Was ist das Problem mit den Preisen?

10. Was sind die Flüge im Moment?

11. Für was entscheidet sich Maria?

12. Für wie lange will sie die Preise beobachten?

Lösungen:

1. Was will Maria für ihre Familie kaufen?

Maria will Flugtickets kaufen.

2. Für wen will Maria Flugtickets kaufen?

Maria will sie für ihre Familie kaufen.

3. Wohin wollen sie zusammen fliegen?

Sie wollen zusammen nach Spanien fliegen.

4. Wann soll die Reise sein?

Die Reise soll im Herbst sein.

5. Wo hat Maria früher gekauft?

Früher hat Maria die Tickets im Reisebüro gekauft.

6. Wo sucht sie heute nach Angeboten?

Heute sucht sie im Internet nach Angeboten.

7. Wie findet sie im Internet die besten Preise?

Es gibt Suchmaschinen, die die besten Preise finden.

8. Hat sie Glück bei der Suche?

Nein, sie hat kein Glück.

9. Was ist das Problem mit den Preisen?

Die Preise sind super hoch!

10. Was sind die Flüge im Moment?

Die Flüge sind im Moment zu teuer.

11. Für was entscheidet sich Maria?

Sie entscheidet sich, die Preise für ein paar Tage zu beobachten.

12. Für wie lange will sie die Preise beobachten?

Sie will die Preise für ein paar Tage beobachten.

Übung 17

Heute ist ein Jahrmarkt in unserem Dorf.

Es gibt Essen und Getränke.

Es gibt auch verschiedene Spiele und Attraktionen.

Und es gibt sehr laute Musik.

Wir gehen auf den Jahrmarkt, um Mittag zu essen.

Wir essen Fisch, Pommes Frites und Salat.

Und wir trinken Limonade.

Danach machen wir einen Spaziergang, um die verschiedenen Spiele und Attraktionen an zu sehen

Fragen:

1. Was ist heute in unserem Dorf.

2. Wo ist heute ein Jahrmarkt?

3. Was gibt es auf dem Jahrmarkt?

4. Was gibt es auch?

5. Gibt es auch Musik?

6. Warum gehen wir auf den Jahrmarkt?

7. Was essen wir?

8. Was trinken wir?

9. Was machen wir nach dem Essen?

10. Warum machen wir einen Spaziergang?

Lösungen:

1. Was ist heute in unserem Dorf.

Heute ist ein Jahrmarkt.

2. Wo ist heute ein Jahrmarkt?

Der Jahrmarkt ist in unserem Dorf.

3. Was gibt es auf dem Jahrmarkt?

Es gibt Essen und Getränke.

4. Was gibt es auch?

Es gibt verschiedene Spiele und Attraktionen.

5. Gibt es auch Musik?

Ja, es gibt sehr laute Musik.

6. Warum gehen wir auf den Jahrmarkt?

Ihr geht auf den Jahrmarkt, um Mittag zu essen.

7. Was essen wir?

Ihr esst Fisch, Pommes Frites und Salat.

8. Was trinken wir?

Ihr trinkt Limonade.

9. Was machen wir nach dem Essen?

Danach macht ihr einen Spaziergang.

10. Warum machen wir einen Spaziergang?

Ihr macht einen Spaziergang, um die verschiedenen Spiele und Attraktionen zu sehen.

Übung 18

Ich habe einen neuen Hund!

Er ist fünf Monate alt.

Er ist total süß und lustig.

Ein Freund hat mir den kleinen Hund geschenkt.

Ich hatte schon zwei Hunde.

Sie sind Schwestern.

Sie sind vier Jahre alt.

Jetzt haben sie einen neuen Freund.

Ich habe viel Arbeit mit dem kleinen Hund.

Aber ich habe auch viel Spaß.

Ich bin sehr zufrieden.

Fragen:

1. Was habe ich?

2. Wie alt ist er?

3. Wie ist er?

4. Wer hat mir den kleinen Hund geschenkt?

5. Was hat mir ein Freund geschenkt?

6. Hatte ich vorher schon Hunde?

7. Was sind meine zwei Hunde?

8. Wie alt sind sie?

9. Was haben sie jetzt?

10. Was habe ich mit dem kleinen Hund?

11. Aber was habe ich auch?

12. Bin ich zufrieden oder unzufrieden?

Lösungen:

1. Was habe ich?

Du hast einen neuen Hund.

2. Wie alt ist er?

Er ist fünf Monate alt.

3. Wie ist er?

Er ist total süß und lustig.

4. Wer hat mir den kleinen Hund geschenkt?

Ein Freund hat dir den kleinen Hund geschenkt.

5. Was hat mir ein Freund geschenkt?

Er hat dir den kleinen Hund geschenkt.

6. Hatte ich vorher schon Hunde?

Ja, du hattest schon zwei Hunde.

7. Was sind meine zwei Hunde?

Sie sind Schwestern.

8. Wie alt sind sie?

Sie sind vier Jahre alt.

9. Was haben sie jetzt?

Sie haben jetzt einen neuen Freund.

10. Was habe ich mit dem kleinen Hund?

Du hast viel Arbeit mit dem kleinen Hund.

11. Aber was habe ich auch?

Du hast auch viel Spaß.

12. Bin ich zufrieden oder unzufrieden?

Du bist sehr zufrieden.

Übung 19

Es ist Viertel nach sieben morgens.

Die Sonne geht auf.

Es wird ein schöner Tag mit viel Sonne.

Ich will Sport machen.

Ich nehme meine Hunde und laufe zu einer Wiese.

Hier mache ich Sport.

Ich laufe von einem Ende zum anderen Ende.

Wenn ich an einem Ende ankomme, mache ich eine Übung.

Dann laufe ich zum anderen Ende.

Das mache ich für dreißig Minuten, bis ich müde bin.

Fragen:

1. Wie viel Uhr ist es?

2. Was macht die Sonne?

3. Wie wird der Tag?

4. Gibt es Sonne?

5. Was will ich machen?

6. Wen nehme ich und laufe zu einer Wiese?

7. Wohin laufe ich mit den Hunden?

8. Was mache ich hier?

9. Von wo nach wo laufe ich?

10. Was mache ich, wenn ich an einem Ende ankomme?

11. Wann mache ich eine Übung?

12. Was mache ich nach der Übung?

13. Wie lange mache ich Sport?

14. Bis ich was bin?

Lösungen:

1. Wie viel Uhr ist es?

Es ist Viertel nach sieben morgens.

2. Was macht die Sonne?

Die Sonne geht auf.

3. Wie wird der Tag?

Es wird ein schöner Tag.

4. Gibt es Sonne?

Ja, es gibt viel Sonne.

5. Was will ich machen?

Du willst Sport machen.

6. Wen nehme ich und laufe zu einer Wiese?

Du nimmst deine Hunde.

7. Wohin laufe ich mit den Hunden?

Du läufst zu einer Wiese.

8. Was mache ich hier?

Du machst Sport.

9. Von wo nach wo laufe ich?

Du läufst von einem Ende zum anderen Ende.

10. Was mache ich, wenn ich an einem Ende ankomme?

Du machst eine Übung.

11. Wann mache ich eine Übung?

Wenn du an einem Ende ankommst.

12. Was mache ich nach der Übung?

Du läufst zum anderen Ende.

13. Wie lange mache ich Sport?

Du machst für dreißig Minuten Sport.

14. Bis ich was bin?

Bis du müde bist.

Übung 20

Heute muss ich arbeiten.

Ich mag meine Arbeit sehr gern.

Ich habe viele sympathische Studenten.

Sie kommen aus vielen verschiedenen Ländern.

Meine Arbeit macht mir viel Spaß.

Heute gebe ich acht Stunden Klassen.

Das ist ein ziemlich langer Arbeitstag.

Aber ich bin zufrieden.

Außerdem schreibe ich einen Text für meine Freunde auf Facebook.

Ich liebe es, Sprachen zu unterrichten.

Fragen:

1. Was muss ich heute machen?

2. Mag ich meine Arbeit?

3. Habe ich viele Studenten?

4. Wie sind meine Studenten?

5. Von wo kommen sie?

6. Macht mir meine Arbeit Spaß?

7. Wie viele Stunden gebe ich heute Klassen?

8. Wie ist mein Arbeitstag?

9. Bin ich zufrieden oder unzufrieden mit meiner Arbeit?

10. Was mache ich außerdem?

11. Für wen schreibe ich den Text?

12. Was liebe ich?

Lösungen:

1. Was muss ich heute machen?

Du musst heute arbeiten.

2. Mag ich meine Arbeit?

Du magst deine Arbeit sehr gern.

3. Habe ich viele Studenten?

Du hast viele Studenten.

4. Wie sind meine Studenten?

Sie sind sympathisch.

5. Von wo kommen sie?

Sie kommen aus vielen verschiedenen Ländern.

6. Macht mir meine Arbeit Spaß?

Ja, deine Arbeit macht dir viel Spaß.

7. Wie viele Stunden gebe ich heute Klassen?

Du gibst heute acht Stunden Klassen.

8. Wie ist mein Arbeitstag?

Dein Arbeitstag ist ziemlich lang.

9. Bin ich zufrieden oder unzufrieden mit meiner Arbeit?

Du bist zufrieden.

10. Was mache ich außerdem?

Du schreibst einen Text.

11. Für wen schreibe ich den Text?

Für deine Freunde auf Facebook.

12. Was liebe ich?

Du liebst es, Sprachen zu unterrichten.

Übung 21

Heute ist Donnerstag.

Am Morgen und am Vormittag muss ich arbeiten.

Am Nachmittag habe ich frei.

Ich werde mit meinen Nachbarn Kaffee trinken.

Meine Nachbarn sind sehr nette Leute.

Wir werden auf meiner Terrasse sitzen.

Ich werde vier Stühle und einen Tisch auf die Terrasse stellen.

Ich werde frischen Kaffee machen.

Ich werde ein paar Stücke leckeren Kuchen kaufen.

Wir werden sicher ein interessantes Gespräch haben.

Fragen:

1. Welcher Tag ist heute?

2. Wann muss ich heute arbeiten?

3. Was muss ich am Morgen und am Vormittag machen?

4. Was habe ich am Nachmittag?

5. Was werde ich mit meinen Nachbarn machen?

6. Mit wem wirst du Kaffee trinken?

7. Wie sind meine Nachbarn?

8. Wo werden wir sitzen?

9. Wie viele Stühle werde ich auf die Terrasse stellen?

10. Wie viele Tische werde ich auf die Terrasse stellen?

11. Was werde ich für meine Nachbarn machen?

12. Was werde ich kaufen?

13. Was werden meine Nachbarn und ich sicher haben?

Lösungen:

1. Welcher Tag ist heute?

Heute ist Donnerstag.

2. Wann muss ich heute arbeiten?

Du musst am Morgen und am Vormittag arbeiten.

3. Was muss ich am Morgen und am Vormittag machen?

Du musst arbeiten.

4. Was habe ich am Nachmittag?

Am Nachmittag hast du frei.

5. Was werde ich mit meinen Nachbarn machen?

Du wirst mit deinen Nachbarn Kaffee trinken.

6. Mit wem wirst du Kaffee trinken?

Mit deinen Nachbarn wirst du Kaffee trinken.

7. Wie sind meine Nachbarn?

Deine Nachbarn sind sehr nette Leute.

8. Wo werden wir sitzen?

Ihr werdet auf der Terrasse sitzen.

9. Wie viele Stühle werde ich auf die Terrasse stellen?

Du wirst vier Stühle auf die Terrasse stellen.

10. Wie viele Tische werde ich auf die Terrasse stellen?

Du wirst einen Tisch auf die Terrasse stellen.

11. Was werde ich für meine Nachbarn machen?

Du wirst frischen Kaffee machen.

12. Was werde ich kaufen?

Du wirst ein paar Stücke leckeren Kuchen kaufen.

13. Was werden meine Nachbarn und ich sicher haben?

Ihr werdet sicher ein interessantes Gespräch haben.

Übung 22

Heute mache ich mit meiner Familie einen Ausflug.

Wir besuchen einen Bauernhof.

Ich habe einen kleinen Sohn.

Er liebt Tiere und Natur.

Auf dem Bauernhof kann er viele Tiere beobachten.

Es gibt Pferde, Kühe, Ziegen, Schafe, Schweine, Hühner, Enten, Hunde und Katzen.

Und man kann leckeres Essen probieren.

Der Bauer und die Bäuerin servieren immer verschiedenes Essen.

Es gibt zum Beispiel frische Marmelade, Brot, Milch, Käse, Wurst und Kuchen.

Fragen:

1. Was mache ich heute mit der Familie?

2. Mit wem mache ich einen Ausflug.

3. Was besuchen wir?

4. Habe ich Kinder?

5. Was liebt er?

6. Was kann er auf dem Bauernhof machen?

7. Wo kann er Tiere beobachten?

8. Welche Tiere gibt es auf dem Bauernhof?

9. Was kann man auf dem Bauernhof auch machen?

10. Was servieren der Bauer und die Bäuerin?

11. Was gibt es zum Beispiel?

Lösungen:

1. Was mache ich heute mit der Familie?

Du machst einen Ausflug.

2. Mit wem mache ich einen Ausflug.

Mit deiner Familie machst du einen Ausflug.

3. Was besuchen wir?

Ihr besucht einen Bauernhof.

4. Habe ich Kinder?

Ja, du hast einen kleinen Sohn.

5. Was liebt er?

Er liebt Tiere und Natur.

6. Was kann er auf dem Bauernhof machen?

Er kann viele Tiere beobachten.

7. Wo kann er Tiere beobachten?

Auf dem Bauernhof kann er Tiere beobachten.

8. Welche Tiere gibt es auf dem Bauernhof?

Es gibt Pferde, Kühe, Ziegen, Schafe, Schweine, Hühner, Enten, Hunde und Katzen.

9. Was kann man auf dem Bauernhof auch machen?

Man kann leckeres Essen probieren.

10. Was servieren der Bauer und die Bäuerin?

Der Bauer und die Bäuerin servieren verschiedenes Essen.

11. Was gibt es zum Beispiel?

Es gibt frische Marmelade, Brot, Milch, Käse, Wurst und Kuchen.

Übung 23

Ich muss heute ein bisschen einkaufen.

Mein Kühlschrank ist komplett leer.

Ich hatte letzte Woche viel Arbeit.

Ich konnte nicht in den Supermarkt gehen.

Heute habe ich Zeit.

Ich brauche Früchte, Gemüse, Fleisch und Fisch.

Ich möchte auch Käse, Sahne und Milch kaufen.

Und ich kaufe auch ein bisschen Schokolade.

Ich muss an der Kasse bezahlen.

Wie viel kostet alles zusammen?

Alles zusammen kostet 22,50€.

Ich bezahle in bar.

Fragen:

1. Was muss ich heute machen?

2. Was ist das Problem mit meinem Kühlschrank?

3. Was hatte ich letzte Woche?

4. Wann hatte ich viel Arbeit?

5. Was konnte ich nicht machen?

6. Was habe ich heute?

7. Was brauche ich?

.

8. Was möchte ich auch kaufen?

9. Von was kaufe ich auch ein bisschen?

10. Wo muss ich bezahlen?

11. Wie viel kostet alles zusammen?

12. Bezahle ich in bar oder mit meiner Kreditkarte?

Lösungen:

1. Was muss ich heute machen?

Du musst heute ein bisschen einkaufen.

2. Was ist das Problem mit meinem Kühlschrank?

Dein Kühlschrank ist komplett leer.

3. Was hatte ich letzte Woche?

Du hattest letzte Woche viel Arbeit.

4. Wann hatte ich viel Arbeit?

Letzte Woche hatte ich viel Arbeit.

5. Was konnte ich nicht machen?

Du konntest nicht in den Supermarkt gehen.

6. Was habe ich heute?

Heute hast du Zeit.

7. Was brauche ich?

Du brauchst Früchte, Gemüse, Fleisch und Fisch.

8. Was möchte ich auch kaufen?

Du möchtest auch Käse, Sahne und Milch kaufen.

9. Von was kaufe ich auch ein bisschen?

Du kaufst auch ein bisschen Schokolade.

10. Wo muss ich bezahlen?

Du musst an der Kasse bezahlen.

11. Wie viel kostet alles zusammen?

Alles zusammen kostet 22,50€.

12. Bezahle ich in bar oder mit meiner Kreditkarte?

Du bezahlst in bar.

Übung 24

Lisa hat nächste Woche Mittwoch eine Prüfung.

Sie muss viel für die Prüfung lernen.

Sie hat drei Bücher gekauft.

Mit den Büchern will sie sich auf die Prüfung vorbereiten.

Sie hat in den letzten Wochen jeden Tag fünf Stunden gelernt.

Sie hat jedes Buch drei Mal gelesen.

Sie weiß jetzt ziemlich viel über das Thema.

Sie denkt, die Prüfung kann kommen.

Sie ist gut vorbereitet und wird eine gute Note haben.

Fragen:

1. Was hat Lisa nächste Woche Mittwoch?

2. Wann ist die Prüfung von Lisa?

3. Was muss Lisa viel für die Prüfung machen?

4. Wie viele Bücher hat sie gekauft?

5. Auf was will Lisa sich vorbereiten?

6. Mit was will sie sich auf die Prüfung vorbereiten?

7. Wie viele Stunden hat Lisa in den letzten Wochen jeden Tag gelernt?

8. Wie oft hat sie jedes Buch gelesen?

9. Weiß sie jetzt etwas über das Thema?

10. Was denkt sie über die Prüfung?

11. Ist Lisa gut vorbereitet?

12. Wird sie eine gute oder eine schlechte Note haben?

Lösungen:

1. Was hat Lisa nächste Woche Mittwoch?

Sie hat eine Prüfung.

2. Wann ist die Prüfung von Lisa?

Sie ist nächste Woche Mittwoch.

3. Was muss Lisa viel für die Prüfung machen?

Sie muss viel für die Prüfung lernen.

4. Wie viele Bücher hat sie gekauft?

Sie hat drei Bücher gekauft.

5. Auf was will Lisa sich vorbereiten?

Sie will sich auf die Prüfung vorbereiten.

6. Mit was will sie sich auf die Prüfung vorbereiten?

Sie will sich mit den Büchern vorbereiten.

7. Wie viele Stunden hat Lisa in den letzten Wochen jeden Tag gelernt?

Sie hat jeden Tag fünf Stunden gelernt.

8. Wie oft hat sie jedes Buch gelesen?

Sie hat jedes Buch drei Mal gelesen.

9. Weiß sie jetzt etwas über das Thema?

Ja, sie weiß jetzt ziemlich viel über das Thema.

10. Was denkt sie über die Prüfung?

Sie denkt, die Prüfung kann kommen.

11. Ist Lisa gut vorbereitet?

Ja, sie ist gut vorbereitet.

12. Wird sie eine gute oder eine schlechte Note haben?

Sie wird eine gute Note haben.

Übung 25

Das ist meine Familie.

Mein Großvater ist Bauer.

Er kultiviert Gemüse und Früchte auf seinem Bauernhof.

Meine Großmutter ist Hausfrau.

Sie macht die ganze Hausarbeit in ihrem Haus.

Mein Vater ist Mechaniker.

Er repariert Autos in seiner Werkstatt.

Meine Mutter ist Verkäuferin.

Sie verkauft Essen, Getränke und andere Produkte im Supermarkt.

Ich bin Lehrer.

Ich unterrichte Sprachen und schreibe Bücher in meiner Schule.

Fragen:

1. Was ist das Thema?

2. Was ist mein Großvater?

3. Was macht er bei seiner Arbeit?

4. Wo kultiviert er Gemüse und Früchte?

5. Was macht meine Großmutter?

6. Was macht meine Großmutter bei ihrer Arbeit?

7. Wo macht sie die Hausarbeit?

8. Was macht mein Vater?

9. Was macht er bei der Arbeit?

10. Wo repariert er die Autos?

11. Was macht meine Mutter?

12. Was macht sie bei ihrer Arbeit?

13. Wo verkauft sie die Produkte?

14. Was bin ich?

15. Was unterrichte ich?

16. Was schreibe ich?

17. Wo arbeite ich?

Lösungen:

1. Was ist das Thema?

Das Thema ist deine Familie.

2. Was ist mein Großvater?

Dein Großvater ist Bauer.

3. Was macht er bei seiner Arbeit?

Er kultiviert Gemüse und Früchte.

4. Wo kultiviert er Gemüse und Früchte?

Er kultiviert sie auf dem Bauernhof.

5. Was macht meine Großmutter?

Deine Großmutter ist Hausfrau.

6. Was macht meine Großmutter bei ihrer Arbeit?

Sie macht die ganze Hausarbeit.

7. Wo macht sie die Hausarbeit?

Sie macht die Hausarbeit im Haus.

8. Was macht mein Vater?

Dein Vater ist Mechaniker.

9. Was macht er bei der Arbeit?

Er repariert Autos.

10. Wo repariert er die Autos?

Er repariert die Autos in seiner Werkstatt.

11. Was macht meine Mutter?

Meine Mutter ist Verkäuferin.

12. Was macht sie bei ihrer Arbeit?

Sie verkauft Essen, Getränke und andere Produkte.

13. Wo verkauft sie die Produkte?

Sie verkauft die Produkte im Supermarkt.

14. Was bin ich?

Du bist Lehrer.

15. Was unterrichte ich?

Du unterrichtest Sprachen.

16. Was schreibe ich?

Du schreibst Bücher.

17. Wo arbeite ich?

Du arbeitest in deiner Schule.

Übung 26

Heute sitze ich in einem Café.

Ich warte auf einen Freund.

Es ist halb 3 nachmittags.

Er wollte um Viertel nach 2 hier sein.

Er hat also schon 15 Minuten Verspätung.

Ich nehme mein Handy und rufe ihn an.

Er antwortet nicht.

Der Kellner fragt mich, was ich trinken will.

Ich bestelle einen Kaffee mit Milch und ein Wasser.

Ich lese in einer Zeitschrift.

Nach 10 Minuten kommt mein Freund endlich.

Sein Bus hatte Verspätung.

Fragen:

1. Wo sitze ich heute?

2. Auf wen warte ich?

3. Wie viel Uhr ist es?

4. Wann wollte mein Freund im Café sein?

5. Wie viel Minuten hat er schon Verspätung?

6. Was mache ich?

7. Was mache ich mit dem Handy?

8. Antwortet er mir?

9. Was fragt der Kellner mich?

10. Was bestelle ich?

11. Was lese ich?

12. Wann kommt mein Freund endlich?

13. Was war das Problem? Warum hat er Verspätung?

Lösungen:

1. Wo sitze ich heute?

Du sitzt in einem Café.

2. Auf wen warte ich?

Du wartest auf einen Freund.

3. Wie viel Uhr ist es?

Es ist halb 3 nachmittags.

4. Wann wollte mein Freund im Café sein?

Er wollte um Viertel nach 2 im Café sein.

5. Wie viel Minuten hat er schon Verspätung?

Er hat schon 15 Minuten Verspätung.

6. Was mache ich?

Du nimmst dein Handy.

7. Was mache ich mit dem Handy?

Du rufst ihn an.

8. Antwortet er mir?

Nein, er antwortet nicht.

9. Was fragt der Kellner mich?

Der Kellner fragt dich, was du trinken willst.

10. Was bestelle ich?

Du bestellst einen Kaffee mit Milch und ein Wasser.

11. Was lese ich?

Du liest in einer Zeitschrift.

12. Wann kommt mein Freund endlich?

Dein Freund kommt nach zehn Minuten endlich.

13. Was war das Problem? Warum hat er Verspätung?

Sein Bus hatte Verspätung.

Übung 27

Es ist halb 5 morgens.

Ich bin gerade aufgestanden.

Ich habe eine Klasse um 5 Uhr.

Ich bin super müde.

Ich habe nicht gut geschlafen.

Gestern Abend bin ich schon früh eingeschlafen.

Ich war so müde nach meinem langen Arbeitstag.

Ich habe zehn Minuten TV geschaut.

Dann bin ich eingeschlafen.

Aber ich bin jede Stunde aufgewacht.

Ich habe im Moment viel Stress.

Vielleicht kann ich wegen dem Stress nicht schlafen.

Am Nachmittag werde ich ein bisschen schlafen.

Fragen:

1. Wie viel Uhr ist es?

2. Was habe ich gerade gemacht?

3. Um wie viel Uhr habe ich eine Klasse?

4. Bin ich müde oder bin ich fit?

5. Warum bin ich super müde?

6. Wann bin ich gestern Abend eingeschlafen?

7. Warum bin ich schon früh eingeschlafen?

8. Wie lange habe ich TV geschaut?

9. Und was ist nach zehn Minuten passiert?

10. Aber was war das Problem letzte Nacht?

11. Was habe ich im Moment?

12. Was kann ich vielleicht nicht wegen dem Stress?

13. Was werde ich am Nachmittag machen?

Lösungen:

1. Wie viel Uhr ist es?

Es ist halb 5 morgens.

2. Was habe ich gerade gemacht?

Du bist gerade aufgestanden.

3. Um wie viel Uhr habe ich eine Klasse?

Du hast eine Klasse um 5 Uhr.

4. Bin ich müde oder bin ich fit?

Du bist super müde.

5. Warum bin ich super müde?

Du hast nicht gut geschlafen.

6. Wann bin ich gestern Abend eingeschlafen?

Gestern Abend bist du schon früh eingeschlafen.

7. Warum bin ich schon früh eingeschlafen?

Du warst so müde nach deinem langen Arbeitstag.

8. Wie lange habe ich TV geschaut?

Du hast zehn Minuten TV geschaut.

9. Und was ist nach zehn Minuten passiert?

Du bist eingeschlafen.

10. Aber was war das Problem letzte Nacht?

Du bist jede Stunde aufgewacht.

11. Was habe ich im Moment?

Du hast im Moment viel Stress.

12. Was kann ich vielleicht nicht wegen dem Stress?

Vielleicht kannst du wegen dem Stress nicht schlafen.

13. Was werde ich am Nachmittag machen?

Am Nachmittag wirst du ein bisschen schlafen.

Übung 28

Max mag Videospiele.

Er hat nicht viel Zeit, um zu spielen.

Aber manchmal nimmt er sich zwei Stunden Zeit.

Dann spielt er eines von seinen Spielen.

Er hat eine Konsole, um Spiele zu spielen.

Er hat sie vor einem halben Jahr gekauft.

Die Konsole war ziemlich teuer, aber er ist zufrieden.

Im Moment hat er vier Videospiele.

Jedes Spiel kostet 50 Euro.

Er mag Rollenspiele und Spiele für zwei Spieler.

Am Abend spielt er gern mit seiner Frau.

Das macht oft mehr Spaß als fern zu sehen.

Fragen:

1. Wie findet Max Videospiele?

2. Hat er viel Zeit, um zu spielen?

3. Wie viele Stunden nimmt er sich manchmal?

4. Was macht er dann?

5. Was hat Max, um Spiele zu spielen?

6. Wann hat er sie gekauft?

7. War die Konsole teuer?

8. Ist Max zufrieden mit seiner Konsole?

9. Wie viele Videospiele hat er im Moment?

10. Wie viel kostet jedes Videospiel?

11. Welche Spiele mag Max?

12. Was macht er gern am Abend?

13. Wann spielt er gern mit seiner Frau?

Lösungen:

1. Wie findet Max Videospiele?

Er mag Videospiele.

2. Hat er viel Zeit, um zu spielen?

Er hat nicht viel Zeit, um zu spielen.

3. Wie viele Stunden nimmt er sich manchmal?

Manchmal nimmt er sich zwei Stunden.

4. Was macht er dann?

Dann spielt er eines von seinen Spielen.

5. Was hat Max, um Spiele zu spielen?

Er hat eine Konsole, um Spiele zu spielen.

6. Wann hat er sie gekauft?

Er hat sie vor einem halben Jahr gekauft.

7. War die Konsole teuer?

Ja, die Konsole war teuer.

8. Ist Max zufrieden mit seiner Konsole?

Ja, er ist zufrieden.

9. Wie viele Videospiele hat er im Moment?

Er hat im Moment vier Videospiele.

10. Wie viel kostet jedes Videospiel?

Jedes Videospiel kostet 50 Euro.

11. Welche Spiele mag Max?

Er mag Rollenspiele und Spiele für zwei Spieler.

12. Was macht er gern am Abend?

Er spielt gern mit seiner Frau.

13. Wann spielt er gern mit seiner Frau?

Er spielt am Abend mit seiner Frau.

Übung 29

Tim trifft sich heute am Nachmittag mit Freunden.

Sie wollen zusammen Fußball spielen.

Die Kinder treffen sich um halb 3 am Fußballplatz.

Im Dorf, wo Tim wohnt, gibt es ein schönes Feld.

Die Leute im Dorf schneiden regelmäßig das Gras.

Sie wollen, dass ihre Kinder einen Platz zum Spielen haben.

Sie haben auch zwei Tore aus Aluminium gekauft.

Auf diesem Feld spielen die Kinder jede Woche.

Tim hat zum Geburtstag einen guten Ball geschenkt bekommen.

Mit diesem Ball spielen die Kinder.

Sie spielen den ganzen Nachmittag, bis sie nicht mehr können.

Fragen:

1. Mit wem trifft sich Tim heute?

2. Wann trifft sich Tim mit seinen Freunden?

3. Was wollen die Kinder zusammen machen?

4. Um wie viel Uhr treffen sich die Kinder?

5. Wo treffen sich die Kinder?

6. Wo gibt es ein schönes Feld?

7. Was gibt es im Dorf, wo Tim wohnt?

8. Was machen die Leute im Dorf regelmäßig?

9. Wer schneidet regelmäßig das Gras?

10. Was wollen die Leute?

11. Was haben sie auch gekauft?

12. Aus welchem Material sind die Tore?

13. Wie oft spielen die Kinder auf diesem Feld?

14. Was hat Tim zum Geburtstag geschenkt bekommen?

15. Wann hat Tim einen guten Ball geschenkt bekommen?

16. Was machen die Kinder mit diesem Ball?

17. Wie lange spielen die Kinder Fußball?

Lösungen:

1. Mit wem trifft sich Tim heute?

Tim trifft sich mit Freunden.

2. Wann trifft sich Tim mit seinen Freunden?

Tim trifft sich mit Freunden am Nachmittag.

3. Was wollen die Kinder zusammen machen?

Sie wollen zusammen Fußball spielen.

4. Um wie viel Uhr treffen sich die Kinder?

Die Kinder treffen sich um halb 3.

5. Wo treffen sich die Kinder?

Die Kinder treffen sich am Fußballplatz.

6. Wo gibt es ein schönes Feld?

Im Dorf, wo Tim wohnt.

7. Was gibt es im Dorf, wo Tim wohnt?

Es gibt ein schönes Feld.

8. Was machen die Leute im Dorf regelmäßig?

Die Leute im Dorf schneiden regelmäßig das Gras.

9. Wer schneidet regelmäßig das Gras?

Die Leute im Dorf schneiden es.

10. Was wollen die Leute?

Sie wollen, dass die Kinder einen Platz zum Spielen haben.

11. Was haben sie auch gekauft?

Sie haben zwei Tore gekauft.

12. Aus welchem Material sind die Tore?

Die Tore sind aus Aluminium.

13. Wie oft spielen die Kinder auf diesem Feld?

Die Kinder spielen jede Woche auf diesem Feld.

14. Was hat Tim zum Geburtstag geschenkt bekommen?

Tim hat einen guten Ball geschenkt bekommen.

15. Wann hat Tim einen guten Ball geschenkt bekommen?

Er hat den Ball zum Geburtstag geschenkt bekommen.

16. Was machen die Kinder mit diesem Ball?

Sie spielen mit diesem Ball.

17. Wie lange spielen die Kinder Fußball?

Sie spielen den ganzen Nachmittag, bis sie nicht mehr können.

Übung 30

Tim will heute mit seinem Bruder ins Kino gehen.

Die zwei Kinder suchen im Internet nach dem Kinoprogramm.

Es gibt im Moment nur zwei interessante Filme.

Ein Film ist eine Komödie und der andere ein Action-Film.

Die anderen Filme im Kinoprogramm finden die Kinder nicht interessant.

Sie denken, dass es Filme für Erwachsene sind.

Die zwei Freunde kaufen Karten für die Komödie.

Der Film beginnt um 3 Uhr nachmittags.

Der Vater von Tim fährt die Kinder zum Kino.

Er gibt ihnen ein bisschen Geld für Popcorn und ein Getränk.

Fragen:

1. Wie heißt das Kind?

2. Wohin will Tim heute gehen?

3. Mit wem will er ins Kino gehen?

4. Wo suchen die zwei Kinder nach dem Kinoprogramm?

5. Nach was suchen die Kinder im Internet?

6. Wie viele interessante Filme gibt es im Moment?

7. Welcher Typ ist einer der Filme?

8. Welcher Typ ist der andere Film?

9. Was ist das Problem mit den anderen Film?

10. Was denken sie über die Filme?

11. Für welchen Filme kaufen die zwei Freunde Karten?

12. Um wie viel Uhr beginnt der Film?

13. Wer fährt die Kinder zum Kino?

14. Wohin fährt der Vater die Kinder?

15. Was gibt der Vater den Kindern?

16. Wofür gibt der Vater das Geld?

Lösungen:

1. Wie heißt das Kind?

Das Kind heißt Tim.

2. Wohin will Tim heute gehen?

Tim will heute ins Kino gehen.

3. Mit wem will er ins Kino gehen?

Er will mit seinem Bruder gehen.

4. Wo suchen die zwei Kinder nach dem Kinoprogramm?

Die zwei Kinder suchen im Internet.

5. Nach was suchen die Kinder im Internet?

Sie suchen nach dem Kinoprogramm.

6. Wie viele interessante Filme gibt es im Moment?

Es gibt nur zwei interessante Filme im Moment.

7. Welcher Typ ist einer der Filme?

Ein Film ist eine Komödie.

8. Welcher Typ ist der andere Film?

Der andere Film ist ein Action-Film.

9. Was ist das Problem mit den anderen Film?

Die anderen Filme finden die Kinder nicht interessant.

10. Was denken sie über die Filme?

Sie denken, dass es Filme für Erwachsene sind.

11. Für welchen Filme kaufen die zwei Freunde Karten?

Die zwei Freunde kaufen Karten für die Komödie.

12. Um wie viel Uhr beginnt der Film?

Der Film beginnt um 3 Uhr nachmittags.

13. Wer fährt die Kinder zum Kino?

Der Vater von Tim fährt die Kinder.

14. Wohin fährt der Vater die Kinder?

Der Vater fährt die Kinder zum Kino.

15. Was gibt der Vater den Kindern?

Der Vater gibt den Kinder Geld.

16. Wofür gibt der Vater das Geld?

Er gibt Geld für Popcorn und ein Getränk.

Übung 31

Markus arbeitet bei einer Zeitung.

Er ist Journalist und schreibt Artikel.

Für seine Artikel macht er Interviews mit wichtigen Personen.

Heute hat er einen Interviewtermin mit einer Politikerin.

Sie heißt Sonja Maler und kommt aus seiner Stadt.

Sie hat blonde Haare, grüne Augen und rote Lippen.

Sie trägt eine schwarze, elegante Jacke und eine weiße Hose.

Markus und Sonja treffen sich in einem Restaurant.

Sie sprechen zwei Stunden lang über verschiedene Themen.

Sie sprechen über die Arbeit, die Familie und Hobbys.

Danach schreibt Markus einen langen Artikel über Sonja.

Den Artikel kann man morgen in der Zeitung lesen.

Fragen:

1. Wo arbeitet Markus?

2. Was ist sein Beruf?

3. Was macht er in seiner Arbeit?

4. Was macht er für seine Artikel?

5. Was hat er heute?

6. Mit wem hat er einen Interviewtermin?

7. Wie heißt die Politikerin?

8. Woher kommt sie?

9. Wie sind ihre Haare?

10. Wie sind ihre Augen?

11. Wie sind ihre Lippen?

12. Was trägt sie beim Termin?

13. Wo treffen sich Markus und Sonja?

14. Wie lange sprechen sie?

15. Über was sprechen sie?

16. Über welche Themen sprechen sie?

17. Was macht Markus nach dem Interview?

18. Wann kann man den Artikel lesen?

19. Wo kann man den Artikel lesen?

Lösungen:

1. Wo arbeitet Markus?

Markus arbeitet bei einer Zeitung.

2. Was ist sein Beruf?

Er ist Journalist.

3. Was macht er in seiner Arbeit?

Er schreibt Artikel.

4. Was macht er für seine Artikel?

Er macht Interviews mit wichtigen Personen.

5. Was hat er heute?

Heute hat er einen Interviewtermin.

6. Mit wem hat er einen Interviewtermin?

Er hat den Termin mit einer Politikerin.

7. Wie heißt die Politikerin?

Sie heißt Sonja Maler.

8. Woher kommt sie?

Sie kommt aus seiner Stadt.

9. Wie sind ihre Haare?

Sie hat blonde Haare.

10. Wie sind ihre Augen?

Ihre Augen sind grün.

11. Wie sind ihre Lippen?

Ihre Lippen sind rot.

12. Was trägt sie beim Termin?

Sie trägt eine schwarze, elegante Jacke und eine weiße Hose.

13. Wo treffen sich Markus und Sonja?

Sie treffen sich in einem Restaurant.

14. Wie lange sprechen sie?

Sie sprechen zwei Stunden lang.

15. Über was sprechen sie?

Sie sprechen über verschiedene Themen.

16. Über welche Themen sprechen sie?

Sie sprechen über die Arbeit, die Familie und Hobbys.

17. Was macht Markus nach dem Interview?

Er schreibt einen langen Artikel über Sonja.

18. Wann kann man den Artikel lesen?

Man kann den Artikel morgen lesen.

19. Wo kann man den Artikel lesen?

Man kann den Artikel in der Zeitung lesen.

Übung 32

Larissa ist Bäckerin.

Sie arbeitet in einer Bäckerei.

Sie steht jeden Morgen sehr früh auf.

Sie muss schon um drei Uhr in der Arbeit sein.

Sie arbeitet mit einem zweiten Bäcker zusammen.

Die zwei Bäcker backen viele Brote, Brötchen und Kuchen.

Um sechs Uhr morgens öffnet die Bäckerei.

Oft gibt es schon Leute, die an der Tür warten.

Sie wollen ihr Frühstück kaufen, bevor sie in die Arbeit gehen.

Von sechs Uhr bis zehn Uhr haben die zwei Bäcker viel Arbeit.

Es gibt viele Kunden und sie verkaufen viele Brote.

Um zehn Uhr kommt eine Kollegin.

Sie verkauft die Produkte während dem Tag.

Larissa und ihre Kollege gehen jetzt nach Hause.

Fragen:

1. Was ist der Beruf von Larissa?

2. Wo arbeitet sie?

3. Wann steht Larissa jeden Morgen auf?

4. Um wie viel Uhr muss sie schon in der Arbeit sein?

5. Arbeitet sie allein oder mit einem Kollegen?

6. Was machen die zwei Bäcker in der Arbeit?

7. Um wie viel Uhr öffnet die Bäckerei?

8. Was gibt es oft schon vor der Tür?

9. Warum gibt es schon Leute vor der Tür?

10. Was wollen sie?

11. Bevor sie was machen?

12. Von wann bis wann haben die zwei Bäcker viel Arbeit?

13. Warum gibt es viel Arbeit für die zwei Bäcker?

14. Was machen die zwei Bäcker in dieser Zeit?

15. Wer kommt um zehn Uhr?

16. Was macht die Kollegin in der Bäckerei?

17. Und was machen Larissa und ihr Kollege jetzt?

Lösungen:

1. Was ist der Beruf von Larissa?

Sie ist Bäckerin.

2. Wo arbeitet sie?

Sie arbeitet in einer Bäckerei.

3. Wann steht Larissa jeden Morgen auf?

Sie steht jeden Morgen sehr früh auf.

4. Um wie viel Uhr muss sie schon in der Arbeit sein?

Sie muss schon um drei Uhr in der Arbeit sein.

5. Arbeitet sie allein oder mit einem Kollegen?

Sie arbeitet mit einem zweiten Bäcker zusammen.

6. Was machen die zwei Bäcker in der Arbeit?

Die zwei Bäcker backen viele Brote, Brötchen und Kuchen.

7. Um wie viel Uhr öffnet die Bäckerei?

Die Bäckerei öffnet um sechs Uhr morgens.

8. Was gibt es oft schon vor der Tür?

Oft gibt es schon Leute vor der Tür.

9. Warum gibt es schon Leute vor der Tür?

Sie warten an der Tür.

10. Was wollen sie?

Sie wollen ihr Frühstück kaufen.

11. Bevor sie was machen?

Bevor sie in die Arbeit gehen.

12. Von wann bis wann haben die zwei Bäcker viel Arbeit?

Die zwei Bäcker haben viel Arbeit von sechs Uhr bis zehn Uhr.

13. Warum gibt es viel Arbeit für die zwei Bäcker?

Es gibt viele Kunden.

14. Was machen die zwei Bäcker in dieser Zeit?

Sie verkaufen viele Brote.

15. Wer kommt um zehn Uhr?

Um zehn Uhr kommt eine Kollegin.

16. Was macht die Kollegin in der Bäckerei?

Sie verkauft die Produkte während dem Tag.

17. Und was machen Larissa und ihr Kollege jetzt?

Larissa und ihr Kollege gehen jetzt nach Hause.

Made in the USA
Middletown, DE
01 December 2022

16618631R00066